Erik Schreiter

Angedacht und Abgepasst

Lyrische Denkanstöße

Bibliografische Information der Deutschen Nationalbibliothek:
Die Deutsche Nationalbibliothek verzeichnet diese Publikation in der Deutschen Nationalbibliografie; detaillierte bibliografische Daten sind im Internet über www.dnb.de abrufbar.

Verlag Erik Schreiter, Leipzig

Druck: BoD – Books on Demand, Norderstedt

ISBN: 978-3-946250-11-1

www.Verlag-Schreiter.de

Inhaltsverzeichnis

ZUR RELIGION

Der atheistische Hilfsgott

I

„Geleugnet hast Du uns, nicht an uns geglaubt."
„Auf Wissenschaft gebaut, Zeichen nicht vertraut."
„Keine Zweifel gestattet, dass wir erfunden sind"
„Fühltest Dich als Sehender, warst doch blind."

II

Wie sollte ich im Besitz eines wachen Geistes
irdische Komplexität einem Schaffer vorhalten?
Versuch und Erhalt des Besseren, so heißt es,
waren die Mittel der Natur, die Welt zu gestalten.

III

„›Versuch und Irrtum‹ ist der Weg, wie es gelingt,
doch hat nicht die Erde die Erfahrungen bedingt."
„Andere Galaxien haben Gestalt angenommen,
sind bei den Erdlingen vom Ziel abgekommen."

IV

Gibt es etwa doch andere besiedelte Planeten?
Das hatte ich immer gehofft.
Warum hat es nie Kontakt gegeben?
Gelegenheiten gab es sicherlich oft.

V

„Ihr seid unser Werk in hundertster Generation."
„Von den Zusammenhängen wussten wir schon."
„Im Großen und Ganzen ist die Erde gelungen."
„Doch um Menschen wurde zu wenig gerungen."

VI
Verzeiht mir, konnte ich es denn ahnen?
Es schien mir stets mehr Schein als Sein.
Nie konnte ich Propheten Gefolgschaft wahren.
Weder in Büchern noch vor einem Schrein.

VII
„Manch Erdling hält sich für unseren Botschafter
beauftragt haben wir keinen dieser Panikmacher.“
„Und keine Verfasser angeblich heiliger Schriften,
die statt Frieden vor allem Zwietracht stiften.“

VIII
Die habe ich stets als Spinner abgetan,
dachte, sie wollten damit nur die Mächte lenken.
Sie machten die die Menschheit untertan,
viele wagten nicht, anders zu denken.

IX
„Wir haben beobachtet, Deinen Tot erwartet.“
„Dein zweites Erdenleben ist gewichtig geartet.“
„Wir haben Dich zum Hilfsgott erkoren,
Du wirst als uns ebenbürtig wiedergeboren.“

X
Ich , der euch erst im Jenseits erkannte,
soll der Rechte für diese Aufgabe sein?
Ich, der voll Hohn Glaubensschriften verbrannte,
bin für euch Götter der Bote allein?

XI

„Nicht nur unser Bote, sondern ein Hilfsgott gar,
beinahe mächtig wie wir, vorerst an Ansehen rar."
„Du wirst der Menschheit helfen, zu überleben,
ihnen Einsicht, Aussicht, Nachsicht geben!"

XII

Was heißt mächtig, beinahe mächtig wie ihr?
Vom Leugner zum Hilfsgott ist ein großer Schritt,
welche Fähigkeiten gebt ihr mir?
Bewahrt ihr mich vor einem Fehltritt?

XIII

„Einzig: Du wirst Dich stets korrekt verhalten."
„Gedanken werden Taten, die Zukunft gestalten."
„Unser Treffen wird nicht mehr erinnerlich sein."
„Doch wirst Du wirken von göttlichem Gebein."

XIV

Folglich werde ich als Vorbild gelten,
muss bedenken und immer wissend scheinen.
Bin der Vermittler unverbundener Welten,
werde sorgvolle Tränen weinen.

XV

„Es ist Zeit, Deinen Auftrag zu beginnen."
„Erdenzeit ist schneller, als Erfahrung gewinnen."
„Tausend Jahre sind seit Deinem Tot vergangen."
Nutze Deine Lebenszeit, ans Ziel zu gelangen."

XVI
So soll es sein, ich bewirke, was ich kann
Führe zu einer besseren Zukunft hin.
Als euer Bote und Helfer walte ich sodann,
ich stehe als Hilfsgott für einen neuen Beginn!

XVII
„Bedenke stets, Deine Wünsche werden wahr!"
„Sei der immerwährenden Gefahr gewahr,
dass du vielleicht die Zuversicht verlierst."
„Und dass du zunächst mit Lahmen marschierst."

XVIII
Ich helfe denen zu sehen, die blind sind,
verhülle Normale aus falscher Disziplin.
Sähe aus gutem Willen rauen Wind,
ernte hoffentlich die Treue der Dynastien.

IXX
„Bist du wahnsinnig? Das geht schief!"
„Prophetenansprüche führen zum Bannbrief."
„Du kommst mit Geschick und sehr subtil
an das hochgesteckte Ziel"

XX
Wenn ich es doch verfehle,
das Ziel mir nicht gelingt;
erhalte ich letzte Befehle,
bevor die Erde versinkt?

XXI

„Dann ist die Menschheit sich überlassen,
wird im Universum schnell verblassen.“
„Es kann nicht immer gut ausgehen,
doch versuche, stets aufrecht zu stehen.“

XXII

Das ist harter Tobak, eine drückende Last.
Sendet mich zurück, den Versuch zu wagen,
ich steige auf den brechenden Ast.
            Ich werde als Retter herausragen!

Fratzenball

I

Feierlich eröffnet mit Protz und Prunk
Kleine Grüppchen im 6er Gebinde
Alle folgten der Einladung zum Fratzenball
Besserwisser und denkfaules Gesinde
Garküche für sozialen Mief und Stunk

II

Reden und Visionen donnern zu Gehör
Spinnen neue Phantasien im Gehirne
Ist das ein Vergnügen beim Fratzenball
Glaubt doch jeder daran, vom Arzt bis zur Dirne
Dachte man nicht selbst daran beim Friseur?

III
Der große Vordenker ergreift das Wort
Imposant mit Licht und Show und Feuerwerk
Ein würdiger Höhepunkt für den Fratzenball
Jedes Hindernis scheint dieses Erlebnis wert
Intellektuelle Flatulenz spült einige Sorgen fort

IV
Nach langem Phrasen und Halbwahrheiten reiten
Suhlte man sich in gefühlter Vordenkermacht
So geht er zu Ende, der Fratzenball
Hat der Vordenker das nicht als Satire gedacht?
Jetzt unbedacht den Mist in alle Welt verbreiten

Religionsstifter

I
Seht, wie ich niedermetzel und vernichte,
könnt ihr die Wahrheit denn nicht sehen?
Der heilige Fels hat es befohlen!
Zwar gibt es keine historischen Berichte,
braucht es nicht, um die Botschaft zu verstehen.
Erscheinungen verlangten, euch zu holen.

II
Natürlich ist es kompliziert und verzwickt,
Nutzen haben die, die daran glauben.
Es sind nicht viele, ich kann nicht alle zwingen...
Einen Namen auswählen, nutze Fantasie geschickt,
gegen Kritik musst du andere Wahrheiten rauben.
Und vertusche, jene die dir Schaden bringen.

III
Folgt dem Erlöser, lebend habt ihr keine Chance!
Erst, wenn ihr eure irdischen Hüllen verlasst
kann ewige Glückseligkeit euch zuteil werden.
Einzeln oder im Schutze des Verbandes,
sollt ihr abstreifen, was ihr hasst,
dürft euch bezeichnen als meine Gefährten.

IV
Zögern ist unnütz, der heilige Felsen wartet nicht.
Jede Kehle, die ich schlitze ist gesegnet,
jeder amputierte Kopf ein Zeichen der Gunst.
Akzeptiere meinen Wahn, du Wicht!
Mit eurem Blut wird der heilige Hang beregnet,
wir meucheln voller religiöser Inbrunst.

V
Baut dem heiligen Felsen Denkmäler überall,
errichtet Statuen und Skulpturen, malt ihn in Öl.
Verwendet Platz, den ihr sonst dringend braucht,
rekrutiert Hoffnungslose und verehrt den Vasall.
Begegnet Ungläubigen mit Axt und Gegröhl,
bis auch der Letzte seine Ambitionen einstaucht.

VI
Ihr kommt alle zum heiligen Fels auf den Hain.
Die körperliche Hülle, die mit Schmerz behindert,
wie wir sie verlassen ist völlig gleich.
Zur zwanghaften Euphorie lade ich euch ein,
Vertrauen in den Fels eure Qualen lindert,
andernfalls zwinge ich euch in sein Reich!

VII
Logik und Nutzen scheren den Felsen nicht,
wagt es nicht, darüber zu sinnieren!
Es genügt, dass die Kiesel die Antwort haben.
Wozu braucht Wissenschaft mehr Gewicht?
Beweise kann sie nur als Thesen skizzieren,
Wir sind, Fels sei Dank!, über Spott erhaben.

BEZIEHUNGEN

Trauermarsch in Es-Moll

Es ist ein getragener Klang

Für traurigen, schweren Gang

Gesellig klingt es nie

Asymmetrische Melodie?

Betonung der Stimmung

Cesur der Stimmung

Dem Toten gewidmet

Es ist ein getragener Klang

Dem Toten gewidmet

Cesur der Stimmung

Betonung der Stimmung

Asymmetrische Melodie?

Gesellig klingt es nie

Für traurigen, schweren Gang

Es ist ein getragener Klang

Um welchen Preis?

I

Einen Rat will ich Dir geben
Einen Weg will ich Dir ebnen
Eine Stütze will ich Dir sein
Meine Erfahrung will ich Dir leih´n
Aber wie, aber wie?

II

Große Worte will ich entrichten
Kluge Merksätze Dir dichten
Auf den einen Punkt will ich es bringen
Torheit will ich zu Erkenntnis zwingen
Aber wie, aber wie?

III

Was ich weiß will ich Dir sagen
Was ich erlitt will ich Dir ersparen
Was noch kommt ist nicht immer schön
Was auch kommt wird wieder gehen
Aber wie, aber wie?

IV

Glaub mir, ich weiß, wie es ist
Glaub mir, dass Du manches vergisst
Besser wird es selten von allein
Besser kann es immer sein
Aber wie, aber wie?

Väter

Beinahe wärst du mein Vorbild geworden,
sicher und redlich und ohne eigenes Profil.
Beinahe wären Ideale geboren,
nur nicht, weil mir Besseres einfiel.

Ich konnte nicht streben, wohin es mich nicht zog,
an anderen Orten fand ich das ideale Bild.
Ich konnte lernen, wie schwer Vertrauen wog,
Achtung und Respekt, der bis heute gilt.

Deinen Einfluss will ich nicht leugnen,
ich wäre nicht der, der ich heute bin.
Deinen Einfluss hätte ich mir größer gewünscht,
vielleicht wären wir heute ein gutes Team.

Worte und Gesten rufen dich oft ins Gedächtnis,
unbewusst fühle ich dich in mich kopiert.
Worte und Gesten meiden ist das Vermächtnis,
an dem sich sämtliches Verhältnis verliert.

Möglicherweise wolltest du, wie ich heute will,
ich wollte es besser machen und schaffe es nicht.
Vielleicht hattest du auch das Gefühl,
dass manches nicht den Möglichkeiten entspricht.

Wann haben wir uns verloren?
Das kann nicht von Beginn an so sein.
Wann haben wir je geschworen,
für einander Hals und Bein?

Bemühungen wären denkbar gewesen,
das Gras ist nicht grüner auf der anderen Weide.
Bemühungen hätten auch das Skript gelesen,
Chancen gab es genügend für uns beide.

Erinnerungen weben um dich nur Schatten,
lassen dem Sonnenschein keine Gasse.
Meine Erinnerungen sind sprichwörtliche Ratten,
verlassen das Schiff, bevor ich sie fasse.

Soll es etwa noch ewig so bleiben,
bis der Staub der Zeit Spuren verwischt?
Wir sollten Strohhalme ergreifen,
bevor die kleine Kerze gemeinsamer Zeit erlischt!

Zeichen sind zu deuten,
doch Interpretation ist nicht gewiss.
Beginnt man die Zwiebel zu häuten,
sind tränende Augen gewiss.

Einen neuen Anlauf will ich wagen,
selbst das Gefühl nicht weiter zu geben.
Nicht Distanz in die Welt zu tragen,
sondern als echtes Vorbild leben.

Zwischen den einzelnen Gedanken
liegen nunmehr einige Monate.
Ich befürchtete Schranken,
fand jedoch eine Mauer-Sonate.

Nicht einmal heute, in schwerer Stunde,
gelingt der notwendige Schulterschluss.
Die Worte klingen wie von Unbekannten,
als ob die Distanz für immer bestehen muss.

Dichter Nebel wabert um das Eis,
macht das Schloss unauffindbar.
Der Schlüssel verliert sich im ewigen Weiß,
die Finger sind von der Kälte schon starr.

Ist es die Angst vor engem Austausch
Oder vor Gemeinsamkeiten vielleicht?
Angst vor unterdrücktem Freudenrausch,
die uns lärmend beschleicht?

Ich würde so gerne wollen können,
mein Elan ist schmerzlich gelähmt.
Will das Schicksal uns nicht gönnen,
was es nur in Andeutung erwähnt?

Wer beim Ableben der Erste ist,
wir können es nicht wissen.
Doch lege ich darauf viel Gewicht,
ich will nur die Kälte nicht vermissen.

An das Ungeborene

Ich wollte Dir ein paar Zeilen schreiben
und weiß nicht recht, wozu soll es sein.
Soll ich mich fragen, wie sollst Du heißen?
Nun, Dein Geschlecht ist noch geheim.
Antworten auf ungestellte Fragen geben?
Oder die Fragen erst erdenken?
Glückwünsche für Dein entstehendes Leben?
Könnte ich das Schicksal doch nur lenken...

Hatte mir vorgenommen, weniger zu trinken.
Und ich wollte mich auf das Neue konzentrieren.
Gedanken lassen mich tiefer in den Sessel sinken,
Furcht lässt das Blut in den Adern frieren.
Am Tisch sitze ich nun und weine in mich hinein,
weil ich nicht weiß, wie es gelingen soll.
Elektrisiert und gelähmt und ganz allein,
Freude mischt sich unter den gedämpften Groll.

Ich wette, Deiner Mutter geht es ähnlich,
bist Du doch das dritte Kind bei ihr allein.
Trotz ihrer Ablehnung bemühe ich mich redlich,
auch Dir ein guter Vater zu sein.
Unsere Wege trennten sich vor wenigen Tagen,
wir hatten es zuletzt nicht leicht.
An Schwangerschaft wollte keiner denken wagen,
die geringste Chance hat Dir gereicht.

Eines Tages wirst Du meine Werke lesen,
Deine Geschwister nach mir befragen.
Erforschst heimlich bei Verwandten mein Wesen,
und lässt Dir Anekdoten vortragen.
Du wirst lernen, dass ich vielfältig bin und stur
und Dir vorstellen, wie ich diese Worte schrieb.
Ich hörte Pink Floyd und trank Rotwein nur,
sortierte Gedanken und notierte, was übrig blieb.

Stell Deine Fragen, mache Deinen Reim,
erforsche Deine Herkunft, alle helfen dabei.
Es ist schwer, gleich, ob groß oder klein,
doch zügle dich vor blinder Raserei.
Und wenn du mit Ahnungen nicht irrst,
auch Zweifel kommen gelegentlich.
Was auch kommt, wie du auch wirst,
ich freue mich auf Dich!

Den Anfang wagen

Lass es mich so sagen: I
Wir sollten es wagen.
Wir sollten der Versuchung nicht widerstehen,
lass das Ersehnte geschehen.

Das passt so gut, so erschreckend gut, II
ich weiß, das braucht nicht viel Mut.
Ich weiß, es sind große Chancen darin,
das passt für einen perfekten Beginn.

Ich werde deinem Gespür vertrauen, III
auf deinen Instinkt können wir bauen.
Auf deine Fähigkeiten können wir uns verlassen,
ich werde wie sonst keine passen.

Komm, wir packen es an, IV
werfen alle Hoffnung dran.
Werfen unsere Zweifel über Bord,
Komm, wir fahren zusammen fort.

Hör nicht auf die leisen Stimmen, V
Hilf dir selbst zu gewinnen.
Hilf dir und dem Glück auf die Füße,
Hör auf glückselige Grüße.

Ohne Zwang soll es passieren, VI
ganz von sich aus funktionieren.
Ganz von sich aus gut gelingen,
Ohne, dass Differenzen mitschwingen

Aschenputtel

Besinnend, gewinnend

Mit dem ersten Blick gewonnen,
wie Aschenputtel beim Prinzentanz.
Erleuchtest das Dunkel wie hundert Sonnen,
Deine Geheimnisse teilst Du ganz.

Trivial, ideal

Ich bin gewöhnlich, rede mir zu
Du seist es auch, weiß aber genau,
worauf ich wartete bist Du.
Das großartige Geschöpf, dem ich vertrau.

Erbaulich, vertraulich

Du hast meine Sorgen relativiert,
ohne eine davon zu kennen.
Die Ruinen meiner Kriege hast du saniert
Und könntest kein Unbill benennen.

Zeit ist Geld ist Macht

Zeit	hat man nie und braucht sie	*doch*
Ist	alles Sein schlicht unmöglich	*ohne*
Geld	verschönert durchaus die	*Zeit*
Und	lässt genießen, was möglich	*ist*
Geld	korreliert auch stets mit	*Macht*
Ist	Einfluss knapp so schadet es	*nichts*
Macht	allein ist schließlich nichts	*wert*

Zeit heilt alle Wunden

Zeit	kuriert, ohne Aber oder	*Wenn*
Heilt	nicht sofort, in Geduld übe sich	*Man*
Alle	Seelen vertrauen und hoffen auf	*Sie*
Wunden	kann sie heilen, sodann man sie	*Lässt*

Lotusherz

Asche, getränkt mit Hochmut und Spott,
war Dein täglich Brot.
Wünschtest Dich lieber am Schafott,
als in nicht endender Not.
Die Asche salbte Deine Haut,
wusch sich ins Blut nicht ein.
Hoffnung war Dein Wunderkraut
Gegen die Tyrannei.

KRIEG

360°

Ich bin…

…, also denke ich

… daher sehr wählerisch

… dafür auch verantwortlich

Du bist ...

... nicht mit ganzem Herzen drin

... voller Zweifel bis unters Kinn

... ausgegrenzt vom Zugewinn

Er/ sie ist ...

... im Grunde nur dabei

... Teil der Kumpanei

.. ein Drittel von zwei

Es ist ...

... eine unvernünftige Frage

... Rost an der Goldwaage

... gewagt, wie alle jene Tage

Wir sind ...

... eine gewachsene Gemeinschaft
... in historischer Sippenhaft
... von niemandem gemacht

Ihr seid ...

... gesellschaftliche Aasgeier
... geködert mit verstimmter Leier
... impotente Freier

Sie sind ...

... mit Argumenten am Ende
... dennoch Abbild aller Stände
... Benzin für Pyromanenhände

Konterrebellion

Soll ich es nicht verstehen? Ist dies das Ziel?
Darauf geb ich die Hälfte vom Nichts und selbst davon
nicht halb so viel!

Wollt ihr verwirren und Ratlosigkeit stiften?
Sodann will ich eure Pläne entgiften!

Gar elitär im Geiste sollen eure Anhänger sein?
Wären sie es, sie brächen euch Genick und Bein!

Eine andere Zukunft wollt ihr erschaffen?
Ihr solltet zuerst eurem Wahn entwachen!

Warum nicht einfach das Experiment wagen?
Wie viele Psychosen wird auch diese versagen.

Bürgerkrieg

Frisch auf offener Straße geschlachtet,
dennoch beiläufig und fast unbeachtet.
36 Grad Celsius ist das Blut warm,
tropft aus der Kehle auf Wiese und Arm.
Das Opfer war nur zufällig zugegen,
wollte eigentlich nur in Sicherheit leben.

Dieser Zustand bietet Gelegenheit,
und Gelegenheit macht Diebe.
Manche Halunken sind gescheit,
opfern der Habgier die Cousine.
Vor Denunziation ist niemand gefeit,
stehen die Redlichen an der Guillotine.

Hexen, Ungläubige oder falsche Politik,
kein Anlass, den es nicht gibt.
Der Nachbar wird plötzlich zum Feind,
wenn abstruse Ideologie eint.
Vielerlei günstige Gelegenheit,
die von lästigen Mitwissern befreit.

Dankbarkeiten sind vergessen,
Verbindungen nur noch Erinnerung.
Beiderseits von Hass zerfressen,
den Weg frei für die Entmenschlichung.
Von Rache und Macht besessen,
befürwortet man jede Hinrichtung.

Flucht I

I

Man sollte sich tunlichst erwehren,
alle über einen Kamm zu scheren.
Nicht jeder hat grundschlechte Absichten,
auch wollen nicht alle die Gemüter überhitzen.

II

Mit vielen Nachbarn wollte ich nicht flüchten,
mit unwürdigem Pöbel mich verglichen wissen.
Mancher hat Gelegenheit, sich zu entziehen,
manchem ist Elend zum Segen gediehen.

III

Eine Chance sollten all jene erhalten,
deren Absichten nicht im Kalkül erkalten.
Aussicht soll haben, wer kann und will,
schöne Blüten gedeihen langsam und still.

IV

Nichts ist gut, außer der gute Wille,
Klarsicht liegt fernab der fettigen Brille.
Ist die Wahrheit bloß irgendwo dazwischen,
wird sie uns garantiert entwischen.

V

Gleichwohl es gemeinsamer Wille scheint,
wird durch keine Parole dauerhaft geeint,
was Wenige noch Wenigeren nicht gönnen,
weil sie nur nachskandieren können.

VI

Was fernab der eigenen Realität geschieht,
was der eigenen Vorstellungskraft entflieht,
ist nicht weiter weg, als selbst zugelassen,
es reicht nicht, nur anders zu hassen.

VII

Vase bleibt Vase, Spatz bleibt Spatz,
gleichgültig, an welchem Platz.
Raum und Sprache sind relativ,
Einfältigkeit macht diminutiv.

VIII

Die, die Objektivität üben,
werden Vorurteilen nicht genügen.
Denken kommt vor handeln,
verstehen steht vor wandeln.

IX

Gäbe es Götter, sie vergäsen sicher nicht,
wer mit wessen Lehren leichtfertig bricht.
Forthin wären sie vielleicht nicht ungeneigt,
aufzuwiegen, was von der Saat übrig bleibt.

Flucht II

I Flüsse fließen bergab und von allein,
ohne Wasser und Treibgut zu unterscheiden.
Und sollte das Wasser nur noch Jauche sein,
die Flüsse würden es still und stetig durchleiden.
Zwischen Schlick und Linsen ist das Wasser rein,
doch Schmutz vermag das Wasser gut zu kleiden.

II Man sollte sich tunlichst erwehren,
an Mühe der Unterscheidung zu sparen.
Nicht jedem Zugang verwehren,
dessen Anfänge nicht ethikkonform waren.
Zweifel können Äengste tunlich mehren,
schenken Furcht fürchterliches Gebaren.

III Mit Vielen will ich nicht fliehen müssen,
sähe sie lieber mit ihrer Ernte konfrontiert.
Wollte mich nicht mit ihnen verglichen wissen,
wäre wohl über manches Üebel nicht schockiert.
Denn einige haben den ersten Stein geschmissen,
tarnen sich als Opfer, man gönnt unreflektiert.

IV Eine Schere reicht nicht für eine ganze Herde,
ein einziger Tropfen erwirkt keinen hohlen Stein.
Trotz Wanderung auf der ganzen Erde
bleibt 360° konstanter Sonnenschein.
Wie die ferne Zukunft sein werde,
sie muss lebbare Nachbarsschaft sein.

ANSICHTEN

Erbschaft

Eitler Pfau
mit erhabenem Schritt.
Wohlstand für lau,
weil Besser in Besser glitt. I

Losglück noch vor der Geburt,
die Wahrscheinlichkeit infinitisimal.
Der Zufall hat gehurt,
im Ergebnis trivial. II

Sein ohne Werden,
der Genpool eng umzäunt.
Zügig mit Beschwerden,
von fremdem Schweiß gebräunt. III

Stierkampf

I

Vielen Dank an den kämpferischen Stier,
das völlig sinnlos ermordete Tier.
Sein Schicksal konnte er nicht wissen,
Hat den Torero in den Tod gerissen.

II

Er bohrte sein Horn mitten durch das Herz,
brachte dem Torero unendlichen Schmerz.
Der Jämmerling dachte ein ganzer Mann zu sein,
doch Hinterhalt steht stets auf wackligem Bein.

III

Lorenzo -der Stier- musste sein Leben lassen,
weil manchmal Tradition und Dummheit passen.
Gewinnen konnte er nicht, zu keiner Zeit,
diesmal aber war die Gerechtigkeit nicht weit.

IV

Der Feigling, der sich notfalls versteckt,
hat zuerst am Salzstein des Schicksals geleckt.
Einer von beiden konnte leider nie gewinnen,
der andere konnte zum Glück nicht entrinnen.

Grenzgänger

Muss es denn sein, dass es nicht sein darf?
Wirft es nicht zurück, was man einst hinwarf?
Vielleicht bewirkt es recht leicht viel,
planloses Poltern zu einem ehrenwerten Ziel.

Wäre es möglich, dass es nicht möglich ist?
Optimistisch gesehen bin ich funktioneller Pessimist.
Nichts ist so gut wie der gute Wille,
gedachter Lärm ist trotzdem nicht lauter als Stille.

Gesetzt den Fall, auf seinen Fall würde gesetzt,
man hätte ihn allein wegen eines Pflasters verletzt.
Wollte ihn stürzen, ohne dass er dabei fällt,
wie rund liefe dann noch unsere Welt?

Darf ich sagen, dass ich es nicht hören will?
Sein Tanz auf dem Vulkan ist verdächtig still.
Eines noch, es muss unendlich riesig sein:
auch die Unendlichkeit war einst unendlich klein.

Netter Kerl

I

Ein Buch regelt seinen Tag
Jeder Psalm muss Wahrheit tragen
Welcher Sinn sich dahinter verbarg
Wagt man nicht, ihm zu sagen
Trotzdem ein netter Kerl

II

Wahnvorstellung vom alten Reich
Erkennt den Ist-Zustand nicht an
Halbwahre Propaganda, sektengleich
Wundersam, wie die Hirnwäsche gelang
Trotzdem ein netter Kerl

III

Statt Spontanität gesiebte Luft

Ausgang zu fester Zeit

Aussicht auf Lockerung verpufft

Bei der kleinsten Aufmüpfigkeit

Trotzdem ein netter Kerl

IV

Die Begegnung ist nur Vorwand

Zweck zum eigentlichen Ziel

Verabredete Gewalt ohne Verstand

Darwinistischer Hohn als Spiel

Trotzdem ein netter Kerl

Froschschenkel

Kleiner Frosch, wie ist das schön,
dir beim Schwimmen zuzusehen.
Plumpe Bewegungen, rasch und doch grazil,
treibst mit der Schwerkraft dein lustiges Spiel.
Kaum Luft in den Lungen, die dich oben hält,
und dennoch eine Fliege, die dir gefällt.
Mit strampelnden Beinen näherst du dich an,
sie hat nichts gemerkt, du frisst sie sodann.
Das Insekt schlägt im Mund die Flügel wie wild,
ist zum Ableben noch längst nicht gewillt.
Bedächtig und geübt schluckst du sie hinunter,
siehst eine Teichrose und begibst dich darunter.
Der Fang wird dort gemütlich zersetzt,
bis Atemnot dich nach oben hetzt.
Holst tief Luft, doch siehe da,
außer Luft ist dort auch Adebar.

Goethe

Zutiefst verehrter Johann Wolfgang,
235 Jahre trennen uns.
Mein Schaffen nahm seinen Anfang, I
als mir das Eurige zufloss.
Viele Veränderungen haben uns ereilt,
einige habt Ihr vorhergesehen.
Seit Ihr nicht mehr unter uns weilt,
sind einige Revolutionen geschehen.

Umwälzungen kamen und gingen,
Fortschritte waren oft groß.
Woran so einige Eurer Zeit hingen II
sind nur noch Erinnerungen bloß.
Visionen brachen mit Tradition,
Neues konnte sich beweisen.
Was zu Eurer Zeit noch Fiktion,
muss nun schon Geschichte heißen.

Unzählige Eurer Werke
zieren meine Bibliothek.
Darin sind Werte, III
für die ich meine Hand ins Feuer leg.
Gabst dem Werther und dem Mephisto
Platz in unsrer Dichtung,
keinem Deutschen unbekannt bis dato,
erhaben von besonderer Gewichtung.

Euer Haus in Weimar
habe ich oft besucht.
IV Bot leeren Räumen dar,
was mich heute gut betucht.
Wollte Eures Geistes Gegenwart spüren,
versprach mir Tadel und Lob.
Fühlte ihn wohlwollend küren,
was sich als Eurer würdig erhob.

Aus Eurer Kutsche zu schielen
wurde mir leidlich verwehrt.
V Bin ich doch einer von vielen,
der Euch inständig verehrt.
Dort im schönen Weimar,
ist Euer Genie zu inhalieren.
Lose Gedanken werden gar,
beim bedächtigen Flanieren.

Kreuzten sich unsere Epochen
ich wäre Euer Jünger gewesen.
VI Hätte Euch gesprochen,
statt nur von Euch zu lesen.
Neue Ideen und zeitlose Thesen
haben mir Eure Schriften vermittelt.
Als ein *Genie von besondrem Wesen*
seid Ihr von mir betitelt.

Dass die Zeit uns soweit versetzt,
kann auch Vorteile haben.
Sonst könnte ich nicht ungehetzt VII
an Euren Werken mich laben.
Seht mich als Nachfahr
Eurer universellen Natur,
als ideellen Nachbar,
getrennt durch Zeiten nur.

Ihr wart privilegiert von Beginn an,
ich musste um alles kämpfen.
Als ich mit Eurer Lektüre begann VIII
wusste diese Hader zu dämpfen.
Eure Werke konsultiere ich auch dann,
schickt sich Eingebung an zu schwänzen.
Seither arbeite ich unerbittlich daran,
mein Werk wie das Eure zu schätzen.

Ihr wart zu Lebzeiten umstritten,
auch heute sind nicht alle Eure Freunde.
Ihr habt unter Euch selbst gelitten, IX
arbeitetet mehr als gewöhnliche Leute.
Zeugnisse Eures Lebens existieren viele,
doch Rätsel sind noch ungeklärt.
Spieltet mit Chronisten Eure Spiele,
habt die Geschichtsschreibung belehrt.

The Dark Side of the Moon

Es wäre wahrscheinlich besser,
man hätte einen Dübel geraucht.
Vielleicht wäre es auch besser,
man hätte auch Trips gebraucht.

Mit der Klangkulisse umgehen,
heißt einfinden in eine andere Galaxie.
Ungekannte Emotionen verstehen,
der Fall in andächtige, audiophile Apathie.

Wir und sie,
ich und du.
Betrachtungen wie eben die
traute ich mir zuvor nicht zu.

Ich kannte das Album von Jugend an,
war mir der Bedeutung gewiss.
Wagte mich dennoch nicht daran,
bis endlich doch das Glück zubiss.

Es gibt immer neue Nuancen,
neue Schattierungen im Text,
andere musikalische Avancen,
mit neuer Einfärbung versetzt.

Wolken brechen, im Ohr nur Donner,
Schreie verhallen ungehört.
Das Orchester spielt eine andere Oper
Ich warte auf der dunklen Seite vom Mond.

Hopfenkaltschale

Cremig-hell oder bernsteinfarben,
gekühlt oder bei Zimmertemperatur,
du warst immer Alternative zum darben,
tröstetest hinweg über manche Blessur.
Was hast du mir geschenkt,
was hast du mir genommen.
Welches Schicksal geschenkt,
welche Chance genommen.

Spritzig und erfrischend,
nie mehr als einen Supermarkt entfernt.
Hoffnung und Tatsachen verwischend,
hab ich aus deinen Räuschen zu viel gelernt.
Könnte ich dich im Keller brauen,
nie mehr wären wir getrennt.
Sollte man dir Tempel bauen,
meine Religiosität wäre gelenk.

EPILOG

Gedichte sind *Herausforderung* und *Glücksgriff* zugleich. Und ein geeignetes Mittel, lange Themen kurz zu fassen.

Sie sind *Herausforderung*, weil Worte und Paarungen behutsam gewählt werden müssen, um das Gewollte auszudrücken. Gedichte enthalten in ihren Strophen viele kleine Geschichten oder unterschiedliche Perspektiven einer großen, zusammenhängenden Begebenheit und komprimieren Aussagen und Zusammenhänge auf wenige Zeilen. Doch sollten sie nach Möglichkeit obendrein Reime ergeben und sich in das vorhandene Versmaß einfügen.

Sie sind *Glücksgriff*, weil sich der Verfasser auf das Nötigste beschränken kann. Und muss. Beim Schreiben von Gedichten, versucht man, seine Aussagen in überschaubaren Strophen mit gleichbleibender Rhythmik und sich reimenden Zeilenschlussworten zu konzentrieren, und gleichzeitig der Fantasie des Lesers Raum zur Entfaltung zu lassen. Das ist nicht immer einfach, da neben aller Äesthetik des Vokabulars auch der Sinn erhalten und vermittelt werden soll. Jedoch zwingt eben dieser Umstand den (fähigen)

Verfasser dazu, sich mit dem Inhalt, der kommuniziert werden soll, einerseits und mit der Sprache andererseits in all ihren Facetten auseinander zu setzen. Wortneuschöpfungen (sog. Neologismen) können hierbei ebenso zielführend sein wie Metaphern und Analogien, die Zusammenhänge aufzeigen, derer sich der Leser vielleicht nicht bewusst war oder die der Autor aus künstlerischem Anspruch zusammendenkt. Und das Beste: alle Gedichte, alle Schöpfungen, wie sie auch immer empfunden werden mögen, sind in ihrer Existenz berechtigt und allein durch ihre Existenz bereits gewürdigt.

Der Leser hat nunmehr einen mitunter vielschichtigen Themenkomplex in überschaubarer Wortmasse und praktischem Versmaß vorliegen, wodurch er sich nicht auf Nebensachen konzentrieren muss, sondern den Kern des Werkes unmittelbar erschließen kann.

Die Aussparungen und Umschiffungen der in diesem Band vorliegenden Gedichte bieten Freiraum, mittels eines historischen, religiösen und politischen Verständnisses komplexe Themen der Zeitgeschichte, des Zusammenlebens und der Götterverehrung kritisch zu betrachten und hierbei auf die eigene Lebenserfahrung zu reflektieren.

Meine Sichtweise erhebt weder den Anspruch der Vollständigkeit oder Richtigkeit bzw. Unanstößigkeit, noch irgendeiner Fachkompetenz. Sie erhebt allerdings den Anspruch, den Leser zum Überprüfen seiner Urteile und fundamentalen Ansichten zu den entsprechenden Themen zu veranlassen. Der Anspruch auf Weisheit liegt mir fern, ebenso das Ansinnen der Erklärung der Welt. Mir ist lediglich daran gelegen, Impulse zu geben und den Versuch nicht unversucht zu lassen, dass es vielleicht doch möglich ist, wenigstens in den grenzenlosen Weiten der Fantasie eine angemessene Würdigung der nahen Verwandtschaft aller Erdenbürger zu erdenken, zu fantasieren.

Die Gedichte entstanden über einen längeren Zeitraum und sind mitunter mehrfach überarbeitet worden, um die Allgemeingültigkeit hervorzuheben. Es liegt mir fern, religiöse, persönliche, politische oder sonstige Gefühle oder Rechte zu verletzen. Mir ist dennoch bewusst, dass die

Kunst, gleich welcher Gattung, nicht in der Lage ist, alle Befindlichkeiten gleichermaßen zu würdigen, zu berücksichtigen und zu respektieren. Wir Künstler müssen bisweilen Grenzen ausloten und bestehende Dogmen in Frage stellen, um aus dem Ergebnis der Auseinandersetzung –wenigstens gedachte- Neuordnungen und Verbesserungen zu erwirken.

Leipzig im Dezember 2016

Erik Schreiter